Amor Est Sensus Quidam Peculiaris

JOAN WALSH ANGLUND

Amor

Est

Sensus

Quidam

Peculiaris

LATINE REDDIDIT G.M. LYNE

HARCOURT, BRACE & WORLD, INC., NEW YORK

BY JOAN WALSH ANGLUND

A Friend Is Someone Who Likes You
The Brave Cowboy
Look Out the Window
Love Is a Special Way of Feeling
In a Pumpkin Shell
Cowboy and His Friend
Christmas Is a Time of Giving
Nibble Nibble Mousekin
Spring Is a New Beginning
Cowboy's Secret Life
The Joan Walsh Anglund Sampler
A Pocketful of Proverbs
Childhood Is a Time of Innocence
Un Ami, C'est Quelqu'un Qui T'aime
A Book of Good Tidings
What Color Is Love?
A Year Is Round
A Is for Always

FOR ADULTS
A Cup of Sun

First edition
Library of Congress Catalog Card Number: 68-25184
Printed in the United States of America

hic libellus
cum amore
dedicatur
margaritae
iuliano
helenae

Amor est sensus quidam peculiaris....

Nam sensus est salutis
quem percipit puella
matris suae residens
genibus, beata donec
amplexu bracchiorum
firmissimo tenetur.

Et sensus est amoenus
qui corda nostra mulcet
si forte cum sodali
confabulamur aequo,
qui verba nostra gestit
audire nec iubet nos
tacere demigrantes.

Et sensus est beatus
quem nostra percipit mens
cum sauciam volucrem
servamus et fovemus...

cum prandium paramus
feli domo vaganti...

vel cum equulum
territum placamus.

Et saepe nos amorem
solemus invenire
illis locis ubi non
speraveramus unquam.
Adest enim quieto
in temporis momento
cum corda nostra tangit
percepta res venusta
nec ante visa nobis;
ut cum videmus alte
per caerulum volantem
caelum procul volucrem...

cum flosculus venustus

a nobis est repertus

quem vidit ante nemo...

cumve in loco latemus
qui celat et tegit nos,
et noster est omnino.

Origines amoris
persaepe sunt pusillae:
etenim potest oriri
illo die iucundo
quo cuipiam sodali
narramus illa primum
quae nostra mens prehendit...

aliumve cum iuvamus
qui nostram opem requirit.

Vel incipit nonnunquam
etiam loquente neutro,
cum cernimus tacentes
quid sentiat sodalis.

Amor venit quiete,
illumque scis adesse
quod—ecce!—te repente
non solitarium iam
sentis, nec in medullis
tuis dolor remansit.

O sensus est iucundus
laetusque amor, manetque
in corde sempiternus.